Eberhard Platte    **Vergebung ist mehr ...**

# Eberhard Platte

## Vergebung ist mehr ...
### Wie geschieht echte Versöhnung?

edition.71a.de
*Christliche Medien on Demand*

**Impressum**
© by edition.71a.de, Wuppertal, 2. Auflage
*Christliche Medien on Demand*
Gesamtgestaltung: Eberhard Platte
Internet: www.edition.71a.de
Druck: BoD, Norderstedt 2008

# Inhalt

5

Vergebung ist mehr ...

## Vorwort

Ich will ja vergeben, aber vergessen kann ich es ihm nicht!" Wie oft haben wir diesen Satz schon gehört - oder sogar selbst gesagt.

Was ist Vergebung wirklich? Ist Vergebung ein Übertünchen oder Überspachteln bei dreckigem Untergrund? Ein Frühjahrshausputz oder Unkraut-Jäten? Ein Ausradieren oder ein bloßes „Wegdenken"? Wie hat Gott uns vergeben und wie können wir vergeben? Ist Vergebung nur ein Waffenstillstand, ein Burgfrieden oder ein Nicht-Angriffspakt?

Und was ist Versöhnung? Ist Versöhnung mehr als Vergebung? Wer macht den ersten Schritt? Was ist, wenn der andere nicht vergeben will? Oder wenn der andere Vergebung nicht annimmt? Wie oft soll und kann ich vergeben? Bin ich bei Vergebung nicht der Dumme? Muss ich immer nachgeben und alles erdulden, um „des lieben Friedens willen"? Wie geschieht Vergebung unter Christen und Ungläubigen gegenüber?

Ein Thema also, das uns alle angeht, sowohl in unseren Familien und Gemeinden als auch in unserer Nachbarschaft.

Wie kann biblische Vergebung bei uns wirklich Praxis werden und nicht nur Theorie bleiben? Wir werden ahnen, dass die Luft zum Atmen dann wieder klarer würde.

Vielleicht liest du dieses Büchlein, weil du an jemand anderen denkst, von dem du Vergebung erwartest - und wirst erkennen, dass Vergebung immer bei dir anfängt ...

Eberhard Platte

Teil 1: Vergebung durch Gott

# 1.

# Ich bin okay!
# Oder vielleicht doch nicht?

P eter hat sich bekehrt. Er hat ganz bewusst sein ganzes verpfuschtes Leben Jesus Christus im Gebet übergeben. Er hat ihn für all seine Schuld und Sünde um Vergebung gebeten. Und das war eine ganze Menge gewesen. Und Peter hat ihm von ganzem Herzen für sein stellvertretendes Sterben auf Golgatha gedankt.

## Peter ist glücklich

Die ganze Welt könnte er umarmen. Er erzählt es allen aus seiner Verwandtschaft, am Arbeitsplatz, in der Nachbarschaft. Auch wenn sie ihn für total „abgehoben" erklären. Alle merken zwar: Er hat sich wirklich verändert. Aber alle geben sich etwas reserviert, halten sich zurück: „Abwarten, das gibt sich mit dem überschwänglichen Gefühl wieder ..."

Missionar möchte er werden. Wenn die Menschen hier nicht auf ihn hören wollen, vielleicht dann draußen in der weiten Welt. Er geht zu den Verantwortlichen der Gemeinde. Auch hier mehr Zurückhaltung als erwartet. „Abwarten ...", wird ihm geraten. Aber er wird ungeduldig.

## Peter beginnt zu strudeln

Peters Höhenflug setzt zum Gleitflug an, verliert an Höhe, und schneller als gedacht, setzt er hart auf den „Boden der Tatsachen" wieder auf. Zwar keine Bruchlandung, doch Frustation macht sich breit.

Er macht sich Gedanken. Was stimmt hier nicht? Hat er sich getäuscht? Hat der Herr Jesus ihm wirklich alle Schuld vergeben? Oder ist da noch irgendetwas in seiner Vergangenheit, was er nicht bekannt hat? Er beginnt zu kramen. Seine Gedanken fangen zu kreisen an, gehen zurück. War alles nur ein Gefühl, nur eine gehobene Stimmung, nur ein erhöhter Blutdruck? War denn seine Bekehrung nicht so etwas wie eine Stunde Null? War es nicht der Tag, an dem er den tonnenschweren Rucksack seiner Schuld und Sünde unter dem Kreuz abgelegt hatte? Und nun sitzt er wieder neben diesem Rucksack und beginnt darin zu kramen. Holt ihn seine Vergangenheit doch wieder ein? Da sind die alten Gewohnheiten, die runterziehenden Gedanken an sein sündhaftes Leben. Vielleicht hat Gott mir doch nicht alles vergeben. Was ist nur los mit Peter?

## Viele sind wie Peter

„Hi, wie geht's dir? Alles klar?" - „Bin schon okay! Danke." Morgendliche Begrüßung auf dem Arbeitsplatz, in der Schule, in der Jugendgruppe. Die mittlere und ältere Generation wird sich - zwar anders formuliert, aber vom Prinzip - ähnlich begrüßen. Begrüßungen bleiben an der Oberfläche. Tiefer gehende Gespräche sind nicht geplant, vielleicht auch gar nicht gewollt. Neulich fragte ich Peter so bei einer Gelegenheit vor der Gemeindetür. Seine Antwort: „Willst du's wirklich wissen? Mir geht's besch ... " Verdutzt schaute ich ihn an. Dafür hatte ich jetzt eigentlich gar keine Zeit.

„Sollen wir nach der Stunde sprechen?", fragte ich.

„Nö, is schon okay. Wird sich wieder einrenken."

„Was ist mit dir? Bist anders als sonst!"

„He, willst du mir ein Gespräch aufdrücken?"

„Was ist, willst du aus dem Mist raus oder nicht?"

„Ja, schon, aber das braucht wohl länger."

„Klar, was sich lange angestaut hat, ist nicht mit einem Knall wegzuwischen."

Wie viele meinen wie Peter, nur bei ihnen sei es so deprimierend. Nur sie würden den Höhenweg der Nachfolge nicht schaffen. Und sie fragen sich, ob das Wort aus 2. Korinther 5,17 für sie stimmt:

> *„Daher, wenn jemand in Christus ist, so ist er eine neue Schöpfung; das Alte ist vergangen, siehe, Neues ist geworden."*

Ist wirklich das Alte vergangen oder haben wir uns getäuscht? Dieses Buch möchte nicht an der Oberfläche bleiben. Ich möchte mit dir darüber ins Gespräch kommen, wie es bei dir drinnen aussieht. Ich möchte über deine Beziehung zu Gott reden und über deine Beziehung zu deinen Mitmenschen.

Ich weiß nicht, wer du bist. Ich kenne deine Beziehungen und Schwierigkeiten nicht. Gibt es Menschen, denen du nicht mehr in die Augen schauen kannst oder denen du lieber aus dem Weg gehst? Wie ist es mit deiner persönlichen stillen Zeit mit Gott? Sparflamme? Ich weiß nicht, in welcher Situation du stehst, welche Vergangenheit du hast. Willst du Gras drüber wachsen lassen? „Schwamm drüber" – wie man sagt, oder betäubst du dich mit Aktivitäten, Arbeit, Musik, Alkohol oder Drugs? Das wäre Flucht. Und Flucht ist keine Lösung. Also bist du bereit? Dann lass dich drauf ein und lies weiter, sonst klapp hier das Buch zu – und nimm's erst wieder zur Hand, wenn du bereit bist, weil du am Ende bist. Okay?

# 2.

# Der Rucksack meiner Vergangenheit

Wir sitzen in einem Konzert des Teestubenchors. Neben mir sitzt eine ältere Frau aus der Gemeinde. „Schau mal", sagt sie vor Beginn, als sie die 80 jungen Menschen des Chors auf der Bühne sieht, „was sind das alles für prächtige junge Leute, denen strahlt ja die Freude aus dem Gesicht! Das sind sicher alles junge Leute aus der Gemeinde hier."

„Soll ich dir die Geschichte der einzelnen erzählen?", frage ich. „Ich kenne sie fast alle. Schau mal das Mädchen vorne in der ersten Reihe, ja, die in dem roten Kleid. ,Weißt du', sagte sie mir einmal in einem Gespräch, ,ich bin früher auf den Strich gegangen ... Aber der Herr Jesus hat mir die Ehre als Frau wiedergegeben!'"

Können wir begreifen, was das heißt? Der Herr Jesus hatte ihr Leben total verändert, aus dem Sumpf der Prostitution und der Drogen gezogen. Was bedeutet das, wieder die Menschenwürde haben zu dürfen. Hier hat ein Mensch wirklich Vergebung durch Gott erfahren und kann jubeln:

> „Die Last meiner Sünde trug Jesus, das Lamm
> und warf sie weit weg in die Fern; er starb ja für mich

auch am blutigen Stamm; meine Seele lobpreise den Herrn." Horatio G. Stafford 1828-1888
(deutsch Theodor Kübler 1832-1905)

Da steht Steffi* vor mir und strahlt mich an. Sie kommt aus einem schweren Leben. Die Mutter starb schon früh, der Vater war Alkoholiker, der Bruder heroinabhängig. Sie selbst hatte in einer lesbischen Beziehung gelebt. Sie fand zu Jesus Christus, ist heute verheiratet, hat mehrere Kinder und kümmert sich mit ihrem Mann um gestrandete Menschen. „Steffi", frage ich, „warum strahlst du so?" - „Warum sollte ich mich nicht freuen?", fragt sie zurück. „Ich hab' keine Vergangenheit mehr, nur noch eine herrliche Zukunft!"

## Wie werde ich frei von meiner Vergangenheit?

Ja, Vergebung durch Gott ist eine radikale Sache. Den Rucksack meiner Vergangenheit darf ich unterm Kreuz bei Jesus Christus abgeben.

Aber auf der anderen Seite gibt es so viele Menschen, die zwar mit ihrer Sündenlast zum Herrn Jesus gekommen sind, die aber doch nicht innerlich fertig geworden sind mit ihrer Vergangenheit. Sie nehmen immer wieder den Rucksack mit auf die Reise. Sie mögen von einem Therapeuten zum anderen laufen, mit diesem „In-den-Rucksack-Schauen" – oder wie ihnen von den Psychotherapeuten und Seelenmasseuren gesagt wird – ihre „Vergangenheit aufarbeiten". Aber ihr Rucksack scheint immer schwerer zu werden, sodass sie unter der Last zu zerbrechen drohen.

Weshalb werden die einen frei und die anderen nicht? Weshalb gehen die einen froh ihren Weg und können von Jesus gebraucht werden und die anderen sind blockiert und resignieren?

Was sagt die Bibel dazu? Wie ist es Menschen ergangen, die in der Bibel frei gemacht wurden von Belastungen und

* Name geändert

Sündenschuld? Wie verlief das weitere Leben der Frau, die beim Ehebruch ertappt wurde (Johannes 8) oder wie lebte der Gardarener weiter, der von okkulten Bindungen befreit worden war?

Ich hätte mich gerne mit den Einzelnen unterhalten, hätte gerne die Magd in Philippi gefragt (Apgostelgeschichte 16,16-23), wie ihr Leben weiter verlaufen ist; oder die Frau am Jakobsbrunnen (Johannes 4) oder Maria Magdalena (Matthäus 15), die aus okkulten Verstrickungen vom Herrn Jesus befreit wurde. Was ist weiter mit Zachäus geschehen, nachdem er seine Schuld bekannt und „klar Schiff" in seinem Leben gemacht hatte (Lk. 19); was wurde aus all den Geschwistern der Gemeinde in Korinth, von denen Paulus sagt: *„Weder Unzüchtige, noch Götzendiener, noch Ehebrecher, noch Homosexuelle, noch Kinderschänder, noch Diebe, noch Habsüchtige, noch Alkoholiker, noch Lästerer, noch Räuber werden das Reich Gottes erben. Und das sind manche von euch gewesen; aber ihr seid abgewaschen, aber ihr seid geheiligt, aber ihr seid gerechtfertigt worden durch den Namen des*

Brunnen in Israel (vgl. Johannes 4)

*Herrn Jesus Christus und durch den Geist unseres Gottes."* 1. Korinther 6,9-11

## Die Hure von Jericho

Was geschah z. B. mit Rahab, der Hure von Jericho (Josua 2,1-3; 6,17.23-25)? Wie ist sie mit ihrer Vergangenheit fertig geworden? Was finden wir in der Bibel über ihr weiteres Leben? Nun, ich denke, gerade bei ihr können wir herauslesen, wie sehr Gott Menschen zu ändern vermag.

Auf der einen Seite ist über Rahab sicher schon manches gepredigt und geschrieben worden: wie groß an ihr die Gnade Gottes sichtbar geworden ist, dass sie in Matthäus 1,5 in die Geschlechterfolge (den Stammbaum) des Herrn Jesus aufgenommen wurde und in Hebräer 11,31 und in Jakobus 2,25 ihr Glaube hervorgehoben wird - und das, obwohl sie als ehemalige Kanaaniterin und als große Sünderin keinerlei Anspruch darauf gehabt hätte.

Aber finden wir auch etwas darüber, wie sie mit ihrer persönlichen dunklen Vergangenheit fertig geworden ist? Die Bibel ist manchmal wie ein Puzzle. Und manches muss man, wie mir scheint, „zwischen den Zeilen" lesen. Auf die Geschichte Rahabs bezogen heißt das: Wenn ich mir das Leben ihres Sohnes Boas ansehe, kann ich Rückschlüsse auf den weiteren Werdegang Rahabs ziehen.

Boas spricht mit Ruth. (Schnorr von Carolsfeld 1860)

Von Boas lesen wir im Buch Ruth. Er wird dort als ein Israelit beschrieben, der ein gutes Zeugnis sowohl in seiner Stadt Bethlehem als auch bei seinen Angestellten und Knechten hatte (Ruth 2,4). Wenn wir uns die Situation nachts auf dem Erntefeld anschauen (Ruth 3,6-18), wird sein innerstes Wesen deutlich. Stellen wir uns diesen „prickelnden" Augenblick vor: Boas hat es sich am Feldende zur Nacht bequem gemacht. Da wird plötzlich gegen Mitternacht die Decke an seinen Füßen hochgehoben und eine junge Frau legt sich mit darunter! Boas erwacht – und er hat keine schlechten oder zweideutigen Gedanken! Sein Denken ist und bleibt sauber! Und das als Sohn einer Hure!

Das zeigt, dass seine „Kinderstube" sauber war und dass Rahab ihn „sauber" und gottesfürchtig erzogen hat. Er kennt das Gesetz Gottes vom Sinai und lebt danach. Das macht aber auch klar, dass Rahab mit ihrer Vergangenheit „fertig" geworden ist. Sie weiß offensichtlich um die Vergebung durch Gott und das Volk Gottes ist ihr Zuhause geworden. Ihr Denken ist sauber. Es gab bei ihr ein Einst und ein bewusst anderes Jetzt! Eine vergebene und abgeschlossene Vergangenheit und eine gereinigte Gegenwart und Zukunft. Ihre neuen Maßstäbe hat sie aus dem Wort Gottes. Ob wir von ihr lernen können?

*Fragen zum Nachdenken:*
- Weiß ich um die Vergebung meiner Sünden?
- Was ist mit dem Rucksack meiner Vergangenheit?

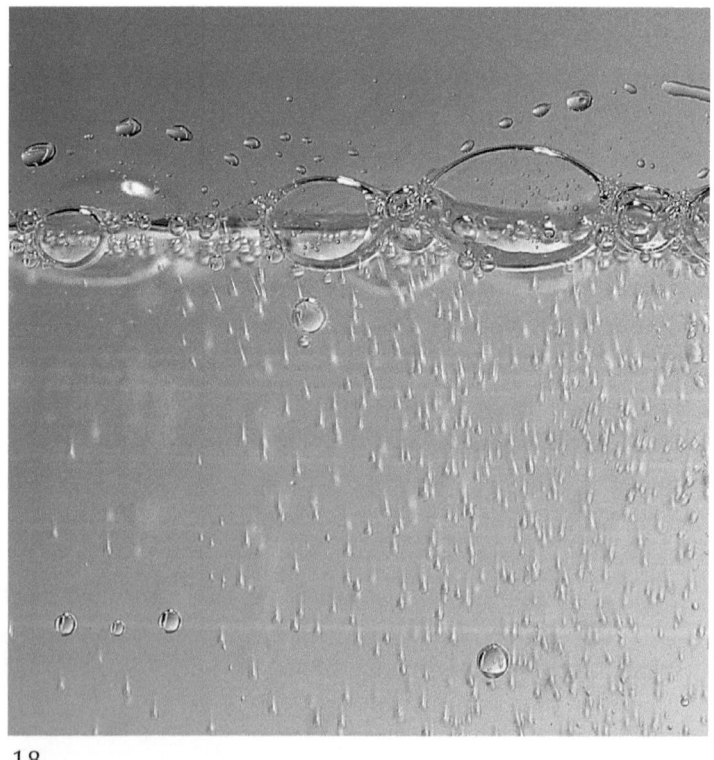

# 3.

# Wie vergibt Gott?

Wie aber kann meine Vergangenheit gelöscht werden? Wie vergibt Gott unsere Sünden? In Jesaja 55,6-7 sagt der Prophet:

*„Sucht den Herrn, während er sich finden lässt! Ruft ihn an, während er nahe ist. Der Gottlose verlasse seinen Weg und der Mann der Bosheit seine Gedanken! Und er kehre um zu dem Herrn, so wird er sich über ihn erbarmen, und zu unserem Gott, denn er ist reich an Vergebung!"*

*„Ich, ich bin es, der deine Verbrechen auslöscht um meinetwillen."* Jesaja 43,25

*„Siehe, ich habe deine Schuld von dir weggenommen und bekleide dich mit Feierkleidern."* Sacharja 3,4

Aber wie kann Gott meine Sünden auslöschen? Schaut er „durch die Finger"? Lässt er „5 gerade sein"? Oder macht er die Augen zu , so wie ein kleines Kind, das Verstecken spielt?

Nein, das wissen wir alle, das ist kein Vergeben. Weder, dass „Gras über eine Sache" wächst, noch dass man eine Sache totschweigt. Gottes Vergebung geht weiter, viel viel weiter.

## Sind Christen Tiefseetaucher?

Im Propheten Micha im Alten Testament gebraucht Gott ein Bild, einen Vergleich, um uns klar zu machen, wie seine Vergebung ist:

> *„Wer ist ein Gott wie du, der Schuld vergibt und Vergehen verzeiht dem Überrest seines Erbteils! Nicht für immer behält er seinen Zorn, denn er hat Gefallen an Gnade. Er wird sich wieder über uns erbarmen, wird unsere Schuld niedertreten. Und du wirst alle ihre Sünden in die Tiefen des Meeres werfen!"* Micha 7,18-19

Wer in der Schule aufgepasst hat, weiß, dass der tiefste Punkt des Ozeans im Marianengraben ist und 11034 m beträgt. Um ein wenig zu verdeutlichen, wie tief das ist: Selbst der höchste Berg dieser Erde, der Mount Everest mit 8824 m, würde darin mühelos verschwinden! Erst ein einziges Mal ist es 1960 durch eine Expedition des Schweizers Jacques Piccard mit dem speziellen Tauchboot „Trieste" gelungen, dort bis auf 10916 m zu gelangen. Doch es bleibt für einen Menschen unmöglich, sich dort aufzuhalten. Der

Im Jahr 1960 erreichte der Schweizer Jacques Piccard in seinem Tauchboot „TRIESTE" als erster Mensch den Grund des Marianengrabens. Nie wieder wurde diese Meerestiefe erreicht.

Wasserdruck ist einfach zu groß, als dass jemand das aushalten könnte. Will Gott uns nicht – wenn er solch ein Bild gebraucht – damit sagen: „Für deine Sünden, für die du um Vergebung gebeten hast, hab ich eine Endlagerung, die sicherer ist als ‚Gorleben'. Ich tue deine (vergebenen) Sünden an einen Ort, an den du nie und nimmer kommen wirst. Sie sind unerreichbar für dich!"

Vergebung Gottes bedeutet also: Deine Sünden sind weg, du kannst und sollst sie nicht wieder hervorholen!

Aber manchmal habe ich den Eindruck, dass Christen, die auf bestimmte Therapeuten und „Seelsorger" hören, Weltmeister im Tiefseetauchen sind! Wen wundert es, dass sie in „Atemnot" geraten? Nein, wenn Gott deine Sünden, die du ihm gebracht hast, vergibt, dann sind sie weg. Und kein Therapeut und kein Christ hat das Recht, sie wieder hervorzuholen: Es ist, als wenn Gott ein großes Schild am Meer aufgestellt hätte: „Fischen verboten!" Du darfst nach vorne schauen. Wie sagte Steffi: „Ich hab' keine Vergangenheit mehr! Nur noch eine herrliche Zukunft!"

---

- Bis 40 Meter tief gelangen Taucher ohne spezielle Ausrüstung,
  bis 450 Meter mit Druckanzug,
  bis 1000 Meter (offiziell) tauchen U-Boote und auch verschiedene Forschungsboote, wie z.B. Deep Rover.
- Auf 1500 Meter Tiefe ist der Tiefseedorsch anzutreffen,
  bis 2300 Meter leben Röhrenwürmer (Pazifik),
  bis 2500 Meter taucht der Pottwal,
  zwischen 4500 und 5000 Meter Tiefe existieren die Manganknollen,
  bis zu 6000 Meter bilden sich Tiefseequellen, in ihrer Nähe Muscheln.
- Tiefen zwischen 6000 und 6500 Meter erreichten bemannte Tauchboote aus Frankreich, USA, Russland und Japan.
- Mit 10911,4 Metern schaffte der Roboter Kaiko am 24. März 1995 die tiefste Tauchfahrt.
- 10916 Meter war der bisherige Rekord, aufgestellt 1960 durch das Tauchboot „Trieste" im Marianengraben.
- 11034 Meter ist es an der tiefsten Stelle!

## Ein rückwärts laufender Gott?

Als der König Hiskia (Jesaja 38) todkrank geworden war, kam der Prophet Jesaja zu ihm und sagte ihm im Auftrag Gottes, dass er sterben müsse. Hiskia tat Buße und bat Gott um Erbarmen. Gott erhörte sein Gebet und ließ ihn gesunden. Als Zeichen dafür, dass er auch tatsächlich wieder gesund werden würde, griff Gott in die Naturgesetze ein: Er ließ die Sonnenuhr drei Einteilungsstriche rückwärts laufen! Für jeden etwas naturwissenschaftlich informierten Menschen eine Unmöglichkeit! Das bedeutet doch, dass Gott die Erde mitsamt der Lufthülle für kurze Zeit rückwärts drehte; nur um *einem* Menschen einen Beweis zu liefern! Für

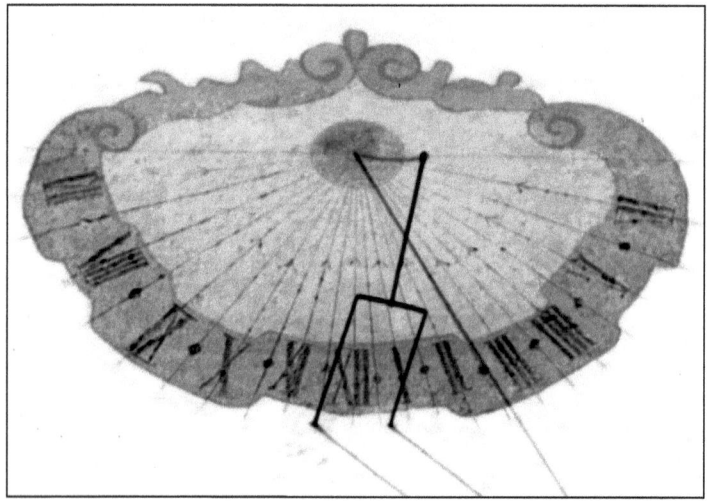

den, der die Naturgesetze gemacht hat, ist das ebenso einfach, wie wenn ein Software-Programmierer in dem von ihm entwickelten Programm eine Veränderung vornimmt. Wenn wir solch einem Fachmann das zutrauen, sollten wir dem Schöpfungs-Fachmann dann nicht noch viel Größeres zutrauen?!

Danach drückt Hiskia die Gnade Gottes in seinem Leben so aus: *„Ich schrie um Hilfe bis zum Morgen (...). Verschmachtend blickten meine Augen zur Höhe: O Herr, ich bin in Bedrängnis! Tritt als Bürge für mich ein! – Was soll ich reden, nachdem er zu mir gesprochen und es selbst ausgeführt hat? Ich will dich loben wegen derer, die leben, und für alles, worin mein Geist lebt. Und du machst mich gesund und erhältst mich am Leben. Siehe, zum Heil wurde mir bitteres Leid: Du, du hast liebevoll meine Seele von der Grube der Vernichtung zurückgehalten, denn alle meine Sünden hast du hinter deinen Rücken geworfen."* Jesaja 38,13-17

Was will Hiskia damit sagen? Wenn Gott meine Sünden, die ich ihm gebracht habe und die er mir vergeben hat, hinter seinen Rücken wirft, was müsste er tun, um sie wieder vor Augen zu haben? Richtig, er müsste sich umdrehen. Aber hast du irgendwo in der Bibel gelesen, dass Gott zurückblickt oder gar rückwärts laufen würde? Nein, Gott schaut nach vorne und geht nicht zurück. Gott blickt nicht zurück. Was er hinter seinen Rücken wirft, ist aus seinen Augen. Und was Gott nicht mehr ansieht, haben auch wir nicht mehr anzusehen!

Genau das sagt auch der Herr Jesus:
*„Wer seine Hand an den Pflug legt und er schaut zurück, ist unbrauchbar fürs Reich Gottes."* Lukas 9,62
Als Kind bin ich des Öfteren im Urlaub bei einem Bauern gewesen. Jeder, der sich ein wenig in der Landwirtschaft auskennt, weiß, was es heißt, beim Pflügen zurückzusehen. Das gibt Furchen wie Lämmerschwänze! Krumm und schief - unbrauchbar, um später die Saat hineinzulegen. Dieses Bild gebraucht der Herr Jesus für den, der nicht nach vorne schaut.

Wie viele Christen
sind in dieser Weise unbrauch-
bar für ihren Herrn geworden. Sie schauen
zurück, beschäftigen sich mit ihrer Vergangenheit,
die der Herr Jesus doch schon
lange vergeben hat. Schau nach
vorn,

damit du brauchbar wirst für
andere!

## Wie ein Nebel

Gott gebraucht ein weiteres Bild in seinem Wort, um uns klar zu machen, wie endgültig er unsere Sünden vergibt, wenn wir sie ihm in Buße im Gebet gebracht haben:

> *Ich habe deine Übertretungen getilgt wie einen Nebel, und wie eine Wolke deine Sünden. Kehre um zu mir, denn ich habe dich erlöst!"* Jesaja 44,22

Wir hatten uns bereits in aller Frühe aufgemacht. Kühl war es noch gewesen, unser Atem bildete kleine Nebel vor unseren Gesichtern. Der feuchte Tau der Bergwiesen klomm unsere Beine hoch. Fröstelnd und mühsam schnaufend bestiegen wir durch trägen Nebel den dunklen Berg. Dann endlich standen wir unter dem mächtigen Gipfelkreuz und erlebten den Beginn des neuen Tages. Die ersten Strahlen ergriffen zögernd den nächtlichen Himmel. Fasziniert beobachteten wir das sich in wenigen Minuten ständig verändernde Farbenspiel der immer intensiver werdenden Beleuchtung. Bläuliche Nebel erhoben sich aus den Tälern und es schien, als würden sie alle nach und nach vom Licht des frühen Tages aufgesaugt. Wie wohltuend - die ersten Sonnenstrahlen auf der Haut; das Frösteln wich einer behaglichen Wärme. Das Aquarellpanorama wurde zu einem prächtigen Ölgemälde.

Wer solch einen Morgen erlebt hat, wird die Aussage Jesajas gut verstehen. Plötzlich ist der Himmel klar, vergessen ist das Dunkel der Nacht und wir freuen uns des neuen Tages. Gottes Vergebung macht mein Herz unendlich froh!

*Fragen zum Nachdenken:*
- Was hindert mich, meine Vergangenheit bei Gott zu lassen?
- Schau ich rückwärts oder vorwärts?

# 4.

# Was hat es Gott gekostet, mir zu vergeben?

Gott kann nicht einfach nur vergeben, weil er mich so nett findet oder weil ich ihm versprochen habe, nie mehr zu sündigen. Er vergibt mir nicht, weil ich ihm so leid tue oder weil er so große Stücke auf mich hält.

## Gott ist heilig

Deswegen kann er nicht einfach die Augen zu machen vor meinen Sünden, er kann sie nicht übergehen. *„Der Lohn der Sünde ist der Tod"* (Römer 6,23). Er ist heilig, d. h. in seiner Gegenwart kann er Sünde nicht dulden.

## Gott ist gerecht

Deshalb muss er Sünde strafen. Er muss die Folgen der Sünde eintreten lassen. Täte er es nicht, wäre er nicht Gott.

## Aber er ist auch Liebe

Gott hasst die Sünde, aber er liebt den Sünder. Wie ist diese Kluft zu überbrücken? Wir Menschen können immer nur eins von beidem. Entweder sind wir gerecht auf Kosten der Liebe oder wir lieben auf Kosten der Gerechtigkeit. Wir schaffen es nicht, diesen Spagat auszuhalten. Und Gott?

## Ich möchte ein Beispiel gebrauchen:

Im Mittelalter soll es im Süden Russlands einen strengen und harten Fürsten gegeben haben. Sein Name war Schamil. Er war bekannt für seine räuberischen Feldzüge und seine eiserne Disziplin. Er gab zur Abschreckung die Parole aus: „Wer von meinen Kriegern oder Bürgern sich an der Beute vergreift, wird mit 40 Peitschenhieben auf den bloßen Rücken bestraft." Eines Tages wird ihm gemeldet, dass sich seine eigene Mutter an der Beute vergriffen habe. Was wird der Fürst tun? Wird er – da es seine Mutter ist – eine Ausnahme machen und Gnade vor Recht ergehen lassen? Dann werden alle sagen, dass er nicht gerecht sei. Wird er die Strafe an seiner eigenen Mutter vollstrecken? Dann werden alle sagen: „Er ist unbarmherzig und brutal." Wie wird er handeln? Das ganze Volk ist gespannt auf den Prozesstag, an dem die Mutter verurteilt werden soll. Der Gerichtstag kommt. Die Mutter des Fürsten wird dem Richter vorgeführt und der Richter erklärt sie eindeutig für „schuldig". Zögernd schaut der Peitschenknecht auf den Fürsten. Wird er das Gerichtsurteil anulieren oder bestätigen? Der Fürst befiehlt: „Die Strafe der 40 Peitschenhiebe ist durchzuführen!" Der Folterknecht holt die Peitsche. Die Mutter steht vor dem Richter. In dem Augenblick, als der Richter den Befehl zum Strafvollzug gibt, springt der Fürst auf, beugt sich schützend über den gebeugten Rücken seiner Mutter. Er reißt sich das Oberkleid vom Leib und ruft dem Folterknecht zu: „Schlag zu! Schlag zu!" Und pfeifend und klatschend trifft die Peitsche den Rücken des Fürsten! Er übernimmt die Strafe für seine Mutter!

Die Strafe ist vollzogen und doch ist die Mutter verschont. Ist das nicht das, was Gott getan hat?

> *„So sehr hat Gott die Welt geliebt, dass er seinen ein-geborenen Sohn gab, damit jeder, der an ihn glaubt, nicht verloren gehe, sondern ewiges Leben habe."*
> Johannes 3,16

Gerechtigkeit und Liebe kommen auf Golgatha zur Vollendung:

An ihm, seinem Sohn, vollzog Gott die Strafe, die ich verdient hatte, damit er an mir seine ganze Liebe beweisen kann und ich frei ausgehen kann!

So zeigt Gott mir seine Liebe **und** Gerechtigkeit. Deshalb kann Johannes sagen:

> *„Wenn wir unsere Sünden bekennen, so ist er treu und gerecht, dass er uns die Sünden vergibt und uns reinigt von aller Ungerechtigkeit."* 1. Johannes 1,9

Damit Gott mir vergeben konnte, gab er seinen Sohn. Meine Vergebung hat ihn seinen Sohn gekostet!

Vergebung ist weit, weit mehr als nur ein hingeworfenes „'tschuldigung!". Vergebung ist ein riesiger Kaufpreis, eine Investition Gottes, die unser Denken übersteigt. Der Sohn Gottes stirbt an meiner Stelle!

---

*Fragen zum Nachdenken:*

- Ist mir bewusst, was es Gott gekostet hat, mir zu vergeben?
- Wie wurde die Heiligkeit und die Liebe Gottes gleichermaßen sichtbar?

29

# 5.

# Ist Gott vergesslich?

Aber vielleicht sagst du: „Ja, dass Gott total alles gege-ben hat, um mir zu vergeben, hab ich verstanden und dafür bin ich auch dankbar. Aber was ist, wenn ich wieder die gleiche Sünde tue? Vergibt mir Gott noch-mal?" Ich kann deine Frage gut verstehen. Mir ist das auch manches Mal so gegangen, vor allem damals, als ich als Jugendlicher lange Zeit mit Selbstbefriedigung Mühe hatte. Wie oft bin ich im Gebet zu meinem Herrn gegangen, habe ihn um Vergebung gebeten: „Herr Jesus, vergib mir bitte. Bitte, Herr Jesus, vergib mir. Vergib mir bitte. Herr Jesus, bitte. Vergib, vergib. Bitte, bitte, Herr Jesus ..." William McDonald schilderte das einmal auf einem Seminar so: „Wann vergibt der Herr Jesus? Bei der ersten Bitte um Vergebung oder bei der zwanzigsten Bitte? Hat er nicht gesagt: ‚Wenn wir unsere Sünden bekennen, dann ...'?"

„Ja", wirst du sagen, „aber ich fühl' es noch nicht in mei-nem Herzen." Nun, hat der Herr Jesus gesagt, wenn du es in deinem Herzen empfindest, dann vergebe ich dir!? „Nein", wirst du sagen, „aber ..."

Sieh, du darfst dich auf Gott verlassen.

*„Denn was er zusagt, das hält er gewiss!"*

31

Ja, aber dann geschieht die Sünde wieder und du betest: „Herr Jesus, schon wieder! Bitte, bitte, vergib!" Und der Herr Jesus wird fragen: „Was, schon wieder? Was vergeben ist, ist vergeben, ist ein für allemal weg!"

Vergebung ist radikal. **Gott vergibt nicht, weil es mir so leid tut, sondern weil sein Sohn dafür sein Leben gelassen hat!** Er hat die Vergebung nicht an mein Gefühl geknüpft, sondern an sein Wort und das Werk seines Sohnes. Darauf darf ich mich verlassen!

### Ist Gott vergesslich?

Sieh, Gott sagt noch mehr, wie er mir meine Sünden vergibt. In Hebräer 8,12 und 10,17 zitiert er zwei Aussagen aus dem Alten Testament (Jesaja 43,25 und Jeremia 31,34):

*„Ihrer Sünden werde ich **nie** mehr gedenken!"*

Gott verspricht also, an die Sünden, die ich ihm gebracht habe und die er mir um seines Sohnes, Jesu Christi, willen vergeben hat, nie mehr zu denken! In der Anmerkung der revidierten Elberfelder steht sogar: „Unter gar keinen Umständen!"

Ist Gott vergesslich? Der allwissende Gott vergesslich? Doch sicher nicht! Nein, hier steht auch nicht: „Ihre Sünden werde ich vergessen", sondern: *„Ihrer Sünden werde ich nie mehr gedenken!"*

Was ist der Unterschied? Vergessen ist – entschuldige bitte – eine Sache der Verkalkung. Ich komme so langsam in das Alter. Was ich nicht vergessen will, muss ich mir aufschreiben. Überall stecken Notizzettel von mir. Und manches Mal vergesse ich, wo ich mir was notiert habe. Oft stecke ich mir die Notizzettel oben in meine Hemdtasche. Das ist mein Gedächtnis. Aber wehe, mein Gedächtnis kommt in die Waschmaschine! Vergesslichkeit ist eine ärgerliche und passive Sache. Man kann nichts dazu.

Nein, Gott ist nicht vergesslich! Er sagt: „Ich will nicht daran denken!" Das ist ein ganz bewusster, aktiver Willensakt Gottes! Und wenn er etwas will, dann tut er es auch! Wenn Gott also bewusst nicht mehr an die vergebene Sünde denkt, dann hält er sie mir auch nie mehr vor!

Nun wirst du einwenden: „Aber wie kann ich sicher sein, dass Gott sich daran hält? Kann es nicht sein, dass er irgendwann, vielleicht beim Richterstuhl des Christus oder am großen weißen Thron oder sonst irgendwann in der Ewigkeit, mich am Ohr zieht und sagt: ‚Eberhard, weißt du noch damals?' Wie kann ich sicher wissen, dass Gott mir meine Verfehlungen nie mehr vorhält?"

Schau, Gott tritt sogar den Beweis dafür an. Zum einen kannst du deutlich wissen: Gott lügt nicht! Wenn er etwas verspricht, dann hält er sich dran. Aber er beweist es dir sogar:

Ist dir schon einmal aufgefallen, dass im Neuen Testament nirgendwo irgendeine Sünde eines Gläubigen des Alten Testaments erwähnt wird? Du findest im Neuen Testament

keine Sünde von Mose: immerhin ein Totschläger (2. Mose 2,12). Du findest keine Sünde von Abraham: Er hat sich nicht gerade galant gegenüber seiner Frau Sarah verhalten, als sie in Ägypten waren (1. Mose 12,11-13). Keine Sünde von David: Er war ein Ehebrecher und Mörder (2. Samuel 11-12)! Selbst keine Sünde von Lot: Bei ihm käme man im alttestamentlichen Bericht nicht auf den Gedanken, dass er ein frommer Mann gewesen ist (1. Mose 19). Aber das Neue Testament sagt, dass er eine gerechte Seele hatte (vgl. 2. Petrus 2,8).

Nirgendwo steht im Neuen Testament eine Sünde eines Menschen, der im Alten Testament Gott geglaubt hat! Warum? Warum schweigt Gott darüber? Hat er die Sünden vergessen? Nein, er hat die Sünden der Glaubenden des Alten Testaments im Blick auf das Sterben seines Sohnes am Kreuz vergeben! Er hat sie wirklich vergeben! Er hat sie ins Meer versenkt. Er hat sie hinter seinen Rücken geworfen. Er hat sie getilgt wie einen Nebel. Er schaut sie nicht mehr an und hat versprochen, sie nie mehr hervorzuholen und uns vorzuhalten!

Warum? Weil zwischen dem Alten und dem Neuen Testament das Kreuz steht. Und von allem, was unter das Kreuz gekommen ist, hat Gott gesagt: *„Ihrer Sünden werde ich nie mehr gedenken!"* Ist das nicht wunderbar? Gott hält sich an sein Wort. Du kannst dich darauf verlassen!

Was Gott gelöscht hat, ist gelöscht! Noch radikaler, als wenn du am Computer etwas von der Festplatte löschst. Es ist tatsächlich weg! Ein für allemal! Für immer und ewig!

Vergebung durch Gott ist wirklich eine radikale Geschichte. Da kommt Freude auf, nicht wahr? Der gottlose Philosoph Friedrich Nietzsche soll einmal gesagt haben: „Wenn die Botschaft der Christen stimmt, müssten sie viel erlöster aussehen!" Und ich denke, er hat Recht! Hast du verstanden, was Vergebung ist?!

Danke deinem Herrn dafür und sag es ihm mit Petrus und Johannes:

> *„Es ist uns unmöglich, von dem, was wir gesehen und gehört haben, nicht zu reden."* Apostelgeschichte 4,20

David sagt:

> *„Glücklich der, dem Übertretung vergeben, dem Sünde zugedeckt ist! Glücklich der Mensch, dem der Herr die Schuld nicht zurechnet (...). Ich tat dir kund meine Sünde und deckte meine Schuld nicht zu. Ich sagte: Ich will dem Herrn meine Übertretungen bekennen; und du, du hast vergeben die Schuld meiner Sünde."* Psalm 32,1-2.5

*Fragen zum Nachdenken:*

- Was bedeutet, dass Gott meiner Sünden nicht mehr gedenken will?
- Ist Vergebung die Grundlage für ein frohes und befreites Christsein?

**Teil 2: Vergebung untereinander**

# 6.

# Wie werde ich mit der Schuld anderer fertig?

Vergebung durch Gott ist die eine Seite. Die andere Seite ist die Vergebung untereinander.

Ich denke an ein Ehepaar, das zu einer Gemeinde gehörte. 28 Jahre waren sie verheiratet. Die Kinder waren inzwischen erwachsen. Da brachen die über Jahre unterdrückten Schwierigkeiten auf. Jeder hatte am anderen vieles auszusetzen. Aus einem Miteinander war ein heftiges Gegeneinander geworden. Die Ehe zerbrach. Man trennte sich. Als ich sie nach den Ursachen ihres Zerwürfnisses fragte, brachten sie Argumente vor, die mir geradezu lächerlich erschienen: „Er dreht immer die Zahnpastatube nicht zu!" – „Sie hängt immer die Bilder schief auf, um mich zu ärgern!" – „Er lässt immer seine Socken im Bad liegen." Ich dachte: „Bin ich im Kindergarten gelandet? Wie können erwachsene Menschen so miteinander umgehen?" Als er sich einmal in der Gemeinde beteiligte, stand sie demonstrativ auf und verließ den Raum.

Was waren die eigentlichen Ursachen? Sie mussten tiefer stecken. Und richtig, endlich brach es aus ihr heraus: „Er ist ein Schwein! Er hat mich betrogen! Nie, nie werde ich es ihm vergessen!" Er schüttelte sie, schrie sie an: „Wie oft, wie oft soll ich noch um Vergebung bitten? Ich halt's nicht mehr aus! Sie ist eine Furie. Ich kann nicht mehr!"

Was war geschehen? Damals vor 30 Jahren in ihrer Verlobungszeit war er einmal mit einer Arbeitskollegin fremdgegangen. Er hatte es ihr gebeichtet, hatte sie unter Tränen um Vergebung gebeten und sie hatte ihm vergeben. Sie hatten geheiratet, hatten Kinder bekommen. Aber bei jeder passenden und unpassenden Gelegenheit hielt sie ihm sein Vergehen von damals vor und beschimpfte ihn.

„Hast du ihm damals wirklich vergeben?", fragte ich sie. „Ja", schluchzte sie, „aber ich kann es nicht vergessen! Immer und immer wieder kommen diese Gedanken und quälen mich! Es ist schrecklich. Ich dachte, ich würde es vergessen, aber ich kann's nicht. Sobald er abends von der Arbeit kommt, muss ich dran denken. Er hat mich bis ins Innerste verletzt! Ich kann nicht mehr!"

„Was soll ich nur machen? Immer wieder muss ich sie auf Knien um Vergebung bitten und trotzdem hört das nicht auf. Es ist ein Martyrium. Das ist keine Ehe mehr. Jetzt, wo die Kinder aus dem Haus sind, ist es noch schlimmer geworden. Sie wird geradezu hysterisch."

Kennen wir solche Situationen? Vielleicht nicht so krass, aber vom Grundsatz her? - „Ich will ja vergeben, aber vergessen kann ich nicht!"

### Ich möchte ein fiktives Beispiel erzählen:

Wer kennt schon das Ehepaar Salmon und Rahab? Nur ein halber Satz steht über sie in der Bibel (Matthäus 1,5) und doch möchte ich sie als Beispiel einer Ehe aufführen, in der es der eine sicher nicht einfach hatte, mit der sündigen Vergangenheit des anderen fertig zu werden. Die Bibel macht keinen Hehl aus der Sünde dieser Frau, bevor sie in Jericho gerettet wurde (Josua 2). Können wir uns vorstellen, wie schwer es Salmon gefallen sein mag, nicht nur die Sünden der Vergangenheit unter der Vergebung Gottes zu wissen, sondern auch nicht mehr daran zu denken und sie ihr vorzuhalten? Ich möchte bei der nachfolgenden Schilderung ausdrücklich anmerken, dass davon nichts in der Bibel steht (es sind sozusagen meine persönlichen „Apokryphen"): Abgesehen davon, dass Salmon, nachdem er Rahab geheiratet hatte und nach Bethlehem gezogen war (Jericho stand ja nicht mehr), sicherlich die erste Zeit mit „Ohropax" in den Ohren durch seinen Ort gehen musste wegen all des Geredes, das hinter seinem Rücken über seine Rahab getuschelt wurde ...: „Wie kann man nur eine Frau mit solch einer Vergangenheit heiraten!" - „Gibt es nicht genug nette, junge Mädchen in Israel?" - „Na, wer weiß, wie es bei denen zu Hause zugeht, wo sie doch aus dem Heidentum kommt!"

Nun angenommen, Salmon hat diese erste Zeit der Gerüchteküche überstanden. Eines Tages geht er mit seiner Frau auf den Höhen Bethlehems spazieren. Sonnenuntergang, es ist Frühling. Die Grillen zirpen. Salmon sieht seine Frau im Profil gegen die untergehende Sonne. Er bekommt romantische Gefühle und möchte seinen Arm um seine Frau legen. Plötzlich schießt ihm ein Gedanke durch den Kopf und mit einem Schlag ist alle Romantik zerstört: „Wie viele Männer haben damals ihren Arm um meine Frau gelegt?" Sein Arm fällt herunter, er wendet sich ab. Die Grillen zirpen nicht mehr, er sieht keinen Sonnenuntergang mehr. Ein Gedanke hat sich festgesetzt und lässt ihn nicht mehr los. „Salmon", fragt Rahab verwundert, „was ist los?" - „Ach nichts! Ich hab so Kopfschmerzen. Lass uns nach Hause gehen." Schweigend gehen sie nebeneinander her. Als er die Wohnungstür aufschließt, sagt er kurz: „'tschuldige Rahab, aber ich schlafe heute im Wohnzimmer, ich habe so Migräne ..."

Was ist hier passiert? - Wie gesagt, diese Geschichte steht nicht in der Bibel. Wie viele Ehen unserer Tage kranken, ja zerbrechen aber an dieser Not. Da hat sich ein Gedanke eingenistet.

Was mach ich mit meinen Gedanken? Darf ich denken, was ich will? *(In dem Buch „Leben auf dem Pulverfass?" gehe ich darauf ausführlicher ein.)*

Da wird der eine mit der Vergangenheit des anderen nicht fertig. Ja, man hat sich vergeben, ist zusammen auf die Knie gegangen, hat den Herrn und sich gegenseitig um Vergebung gebeten, ein neuer Anfang scheint gemacht - nur vergessen kann man nicht, was der andere einem getan oder angetan hat. Ach, welch gutes Gedächtnis entwickelt sich da. Fein säuberlich gestapelt - um es in einem Bild auszudrücken - und nach Datum sortiert hat man alle schuldhaften (zwar verziehenen) Begebenheiten des anderen neben dem Nachttisch aufgetürmt. Und im entsprechenden Augenblick werden diese „handfesten Argumente" als Streitverstärker oder Krisenkatalysatoren hervorgeholt und wie bei einer Kissenschlacht dem anderen wieder um die Ohren geschlagen.

### Der Streit aus der Mikrowelle?

Was eine Mikrowelle ist, weiß heute jeder. Mit diesem Gerät wird altes Essen wieder aufgewärmt. Ähnlich geht es mit den meisten Auseinandersetzungen nicht nur in einer Ehe. Das ist sozusagen der Streit aus der Mikrowelle: Kein neuer Anlass, kein neuer Streit, sondern alter wird immer und immer wieder aufgewärmt und aufgetischt! Weshalb fällt uns das Vergessen nur so schwer, obwohl wir sagen, dass wir uns vergeben haben?

*Fragen zum Nachdenken:*

- Kann ich Dinge nicht vergessen, die mir andere angetan haben?
- Was mach ich mit Gedanken, die sich festnisten?

# 7.

# Vergeben, wie Gott vergibt?

G ott sagt uns eine wichtige Bedingung für die Vergebung untereinander:

*„Vergebt einander, so wie Gott in Christus euch vergeben hat!"* Epheser 4,32

Das heißt doch, dass wir so vergeben sollen, wie Gott es bei uns tut. Und wie vergibt Gott? Auf Seite 32 (Kapitel 5) haben wir gesehen, dass Gottes Vergebung nicht eine Sache des Gefühls ist, sondern dass er um Jesu willen *„unserer Sünden nie mehr gedenken"* will (Hebräer 8,12). Vergeben, wie Gott vergibt, ist also mit der bewussten, willentlichen Zusage verbunden, der Sünde des anderen nie mehr gedenken zu wollen, sie nie mehr hervorzuholen und dem anderen vorzuhalten!

## Nicht gedenken ist mehr als vergessen!

Bin ich dazu bereit? Nicht wahr, das ist schwerer, als nur zu sagen, dass man dem anderen vergibt. Das bedeutet doch, dass ich bereit bin, Verlust auf mich zu nehmen, zum Beispiel den Verlust von meinem Recht-haben-Wollen oder von meiner verletzten Ehre. Wie schwer fällt uns das. Wir sind

43

häufig – wenn es um unser Recht geht – übertriebene Gerechtigkeitsfanatiker. Empfindliche Mimosen, die jede Ungerechtigkeit übel nehmen. Und wir vergessen dabei, wie Gott uns vergeben hat! Was hat es den Herrn Jesus gekostet, mir zu vergeben?! Sein Leben! Er hat auf sein Recht verzichtet, nicht sterben zu brauchen, damit er mir vergeben kann!

### Vergebung tut weh, aber sie heilt!

Ob mir das noch bewusst ist, wie weh es meinem Herrn getan hat, mir zu vergeben? Wie viel Schmerz hat meine Sünde ihm gebracht! Aber er hat mir vergeben! Und Gott verspricht mir, meiner Sünden nie mehr zu gedenken, sie mir nie mehr vorzuhalten. Ob ich es neu lernen kann, beim Vergeben untereinander auch zu versprechen: „Ich will nie mehr daran denken!" Es würde tiefe Wunden verbinden, Verletzungen überwinden, kranke Ehen heilen und Beziehungen unter Geschwistern wiederherstellen. Wir würden vielleicht zum ersten Mal die klare Luft der Gemeinschaft untereinander erfahren, die wirklich frohmachende Befreiung der Vergebung und endlich wieder durchatmen können.

Vielleicht sagst du: „Ich will ja vergeben. Ich will auch versuchen, nicht mehr daran zu denken. Aber der andere soll zu mir kommen, ich will ihm noch mal deutlich sagen, wer Recht gehabt hat!"

Auch das ist nicht Vergebung! Das ist der Versuch, sich zu rechtfertigen. Es liegt in uns Menschen, uns zu verteidigen und stets im besten Licht dastehen zu wollen. Wir Christen sind – so denke ich – übertriebene Gerechtigkeitsfanatiker! Insbesondere, wenn es um mich und mein Recht-haben geht. Den Kopf unter den Arm zu nehmen und nicht das letzte Wort haben zu wollen, das geht uns naturgemäß gegen den Strich!

## Wer macht den ersten Schritt zur Vergebung?

Evodia und Syntyche lebten zur Zeit des Apostels Paulus in Philippi. Sie waren fleißige Mitarbeiter am Evangelium gewesen. Wie vielen hatten sie die frohe Botschaft von der Vergebung gebracht! Doch plötzlich war etwas zwischen ihnen, das sie unbrauchbar für den Herrn Jesus werden ließ. Was die Missstimmung verursacht hatte, kann man nur vermuten. Aber ich denke, dass die Ursachen nicht viel anders lagen als bei uns heute.

Vielleicht hatte Evodia an einem Sonntag einfach vergessen, ihre Freundin Syntyche nach dem Gottesdienst zu begrüßen. Oder sie war in ein Gespräch mit einer anderen Schwester der Gemeinde verwickelt gewesen. Auf jeden Fall, als sie sich umschaute, war Syntyche schon weg. Zuhause sinnierte Evodia, ob Syntyche sie extra gemieden hatte? Sonst wartete sie doch immer noch auf sie. Hatte sie vielleicht etwas gegen sie im Herzen? Na, am nächsten Sonntag würde sie es prüfen, ob ihre Vermutung stimmen würde: Sie würde auf keinen Fall von sich aus auf ihre Freundin zugehen. Sie würde abwarten ...

Und tatsächlich: Syntyche hatte nur kurz zu ihr herübergeschaut, aber zu einer Begrüßung war es nicht gekommen. Ihre Vermutung verdichtete sich: Syntyche scheint etwas gegen sie zu haben! Was das sein könnte, konnte sie sich nicht denken. Oder vielleicht doch? Evodia hatte sie beim letzten Kaffeekränzchen nicht noch einmal gefragt, wie es ihr beim letzten Missionseinsatz gegangen war. Das wird es sein! Aber dass sie immer so kleinlich und nachtragend sein musste. Nun, auf jeden Fall würde sie abwarten und von sich aus nichts unternehmen.

Syntyche hatte am ersten Sonntag gar nicht registriert, dass ihre Schwester Evodia sie nicht gegrüßt hatte. Sie war nur erstaunt, dass sie am nächsten Sonntag nicht auf sie zu

45

gekommen war, wie sie das sonst immer tat. Ob Evodia etwas gegen sie hatte? Eigentlich konnte sie sich gar nicht denken, dass sie sich falsch verhalten haben könnte. Sie würde sich jedenfalls zurückhalten und abwarten, man konnte ja nicht wissen, was dahinter stecken könnte.

Am nächsten Sonntag sah sich jede der beiden Schwestern in ihrem Verhalten bestätigt und jede blockierte sich innerlich gegen die andere.

Kennen wir solche Situationen? Jeder vermutet bei dem anderen etwas, baut sich ein Gedankengebilde aus Mutmaßungen auf und bestätigt sich selbst in seiner Überzeugung, dem anderen gegenüber Recht zu haben. Einen wirklichen Kern gibt es nicht, aber der Teufel hat es geschafft, Geschwister auseinander zu bringen und unbrauchbar werden zu lassen im Dienst für den Herrn. Die Gemeinschaft untereinander ist zerbrochen und die Gemeinschaft mit dem Herrn ist gestört. Wie kann so etwas überwunden werden?

Manch einer wird sagen: Das renkt sich wieder ein, lass Gras drüber wachsen.

Aber keineswegs! Solch eine kleine Angelegenheit wächst sich zu einer Bitterkeit großen Stils aus. Denn bald behält keiner von beiden diese Situation für sich, sondern sucht sich Freunde, die das eigene Verhalten bestätigen und durch eigene Erfahrungen stützen. In kürzester Zeit entstehen selbst in der friedfertigsten Gemeinde verschiedene Lager und Parteiungen von „Pro" und „Contra". Die meisten Spaltungen in Gemeinden, die meisten Trennungen und Zerwürfnisse in Familien sind nicht durch theologische Auseinandersetzungen und Meinungsverschiedenheiten entstanden, sondern durch Vermutungen und Verdächtigungen.

Paulus ging in seinem Brief an die Philipper nicht über diese „Disharmonie" hinweg. Da sie offenbar nicht alleine aus dieser Situation herausfanden, bat Paulus einen Bruder, ihnen behilflich zu sein. Ich weiß nicht, wie dieser Seelsorger das gemacht hat. Es könnte sein, dass er vielleicht so ähnlich vorgegangen ist wie bei der folgenden Begebenheit:

Einem alten, weisen Bruder lag es auf dem Herzen, dass zwei Schwestern, die miteinander im Streit waren, wieder zueinander fanden. So lud er sie beide zum Tee ein. Nachdem sie kurze Zeit verlegen beieinander gesessen hatten, verlies er wegen irgendeines Vorwands den Raum und ließ die beiden allein. Zunächst dachten beide, der Bruder sei nur kurz gegangen und käme jeden Moment wieder. Doch dieser ließ sehr, sehr lange auf sich warten. So wurden beide ärgerlich über den Bruder und begannen miteinander zu reden. Dieses Reden führte dazu, dass sie auch über ihre Schwierigkeiten sprachen und sich aussprachen. Sie sahen ihr falsches Verhalten ein und baten sich gegenseitig und auch den Herrn um Vergebung. Als der alte Bruder wieder das Zimmer betrat, sahen ihn zwei frohe Gesichter an, die sich vergeben und inzwischen gemerkt hatten, warum der Bruder sie allein gelassen hatte ...

Warum fällt es uns eigentlich so schwer, den ersten Schritt zur Vergebung zu machen? Hat nicht auch der Herr Jesus den ersten Schritt zu unserer Vergebung gemacht?!

*Fragen zum Nachdenken:*
- Was ist der Unterschied zwischen „vergessen" und „nicht mehr gedenken"?
- Warum möchten wir dem anderen eine Schuld immer wieder vorhalten?

# 8.

# Aber ich muss immer wieder daran denken!

Zurück zu dem Ehepaar, von dem ich auf Seite 39 berichtete. „Vergeben ja, vergessen nein?", fragte ich sie. „Nein", antwortete sie, „das ist mir klar, dass ich ihm die Sache nie mehr vorhalten soll. Aber ich kann machen, was ich will: Sobald ich nur seine Schritte im Hausflur höre, wenn er von der Arbeit kommt, zieht sich alles in mir zusammen. Es ist, als könnte ich an nichts anderes mehr denken. Immer wieder seh ich ihn in den Armen dieser Frau. Wenn er zu mir ins Bett kommt, denk ich daran, dass er mich betrogen hat, und ich werde zum Eisklotz. Ich kann mich nicht dagegen wehren. Es ist zum Verzweifeln! Ich weiß, dass ich damit meine Ehe zerstöre, aber was soll ich tun? ich schaff's einfach nicht!"

Die Frage also ist: Bin ich meinen Gedanken machtlos ausgeliefert? Wie gehe ich mit meinen Gedanken um? Was sagt die Bibel zum Thema Gedanken?*

Martin Luther sagte in seiner oft drastischen und direkten Art einmal (ich zitiere in abgemilderter Form): „Dass die Vögel über deinem Haupt fliegen, kannst du nicht verhindern, aber dass sie Nester in deinen Haaren bauen!" Ich denke, er wollte damit sagen: Gegen den ersten Gedanken, der dich erfasst, kannst du möglicherweise nichts machen, aber dass dieser Gedanke sich festnistet, dagegen kannst du sehr wohl etwas tun. Dafür bist du verantwortlich!

Paulus sagt in 2. Korinther 10,5, dass *„wir unsere Gedanken gefangen nehmen sollen unter den Gehorsam des Christus"*. Das macht doch deutlich, dass wir nicht unseren Gedanken machtlos ausgeliefert sind. Es muss also eine Möglichkeit geben, sie „in den Griff" zu bekommen. Aber wie? Gerade im Zusammenhang mit wahrer Vergebung und dem „Nicht-mehr- Gedenken" der Sünden eines anderen sind unsere Gedanken von größter Bedeutung! Wie kann ich die Kontrolle über meine nachtragenden Gedanken bekommen?

Denken wir noch einmal an das Ehepaar von vorhin: Sie gestand, dass sie in bestimmten Situationen und Augenblicken an die Sünde ihres Mannes und an ihre damit verbundenen verletzten Gefühle denken musste, und dass dann die Gedanken in ihr zu kreisen begannen und sie von ihren Gedanken beherrscht wurde.

Ich möchte einen Test mit dir machen: Merk dir eine Zahl zwischen 1 und 20. Hast du sie dir gemerkt? Präg sie dir gut ein! Okay?

So - und nun vergiss sie wieder, denk nicht mehr daran! ... Du sagst: „Das geht nicht. Ich kann sie nicht einfach löschen, so wie ich sie mir gemerkt habe. Je mehr ich daran denke, um sie zu vergessen, umso mehr denke ich an die Zahl!" Richtig - wie kann ich diese Zahl wieder aus meinem Gedächtnis löschen? Bei einem Computer ist das einfacher, nicht wahr? Dort kann ich mühelos gespeicherte Daten von der Festplatte löschen und an deren Stelle etwas Neues speichern. Geht das auch mit unserem Gedächtnis?

Ich fragte neulich einen lieben Freund danach. Er ist blind und arbeitet in der Telefonzentrale eines großen Finanzamtes. „Norbert", fragte ich ihn, „wie kannst du all die vielen

Telefonnummern und Namen behalten, du kannst doch nicht einfach in einer Liste nachschauen?" – „Nun", meinte er, „ich speicher ganz bewusst die Namen und die dazugehörigen Telefonnummern in meinem Gedächtnis wie in einem Computer." Ich begann, ihn zu beneiden, da ich - obwohl ich sehen kann – selbst ein schwaches Gedächtnis habe, nach dem Motto: „Gesichter behalte ich nie, aber Namen vergesse ich immer!" Deshalb fragte ich ihn: „Aber was machst du, wenn sich eine Telefonnummer ändert oder ein Personalwechsel stattfindet?" – „Das", so antwortete er mir, „mach ich genauso: Ich lösch die Nummer oder den Namen bewusst aus meinem Gedächtnis und speicher sie neu." „Norbert", sagte ich staunend, „ich beneide dich. Ich glaube, das lern ich nie ..."

Wenn ich auch gestehen muss, dass mir dieser Vorgang wohl ebenso Mühe macht wie dir, so wird doch klar, dass es tatsächlich möglich ist, und zwar mit einem ganz bewussten Willensakt. Ich möchte diesen Vorgang „Gedankenstopp" nennen.

## Kennt die Bibel den bewussten Gedankenstopp?

Die Bibel gibt uns dafür plastische Beispiele.
Kennst du Asaph? Asaph wird uns im 1. Buch der Chronik vorgestellt. Er war unter den Königen David und Salomo „Chefdirigent" des Tempelchores. Er hatte die Aufgabe, mit dem großen Chor zu den Gottesdiensten und Festen im Tempel in Jerusalem den musikalischen Rahmen zu schaffen. In dieser Funktion hat er Lieder gedichtet und die Musik dazu komponiert. Zwölf dieser Lieder sind im Buch der Psalmen festgehalten (Psalm 50 und 73-83). In mehreren Psalmen lässt er uns in sein Herz Einblick nehmen, in seine Empfinungen und Gedanken. Eins dieser Lieder ist Psalm 73. Hier schildert er zeugnishaft, wie es ihm Mühe machte, dass

es ihm persönlich offenbar sowohl gesundheitlich als auch finanziell nicht gerade rosig ging. Im Gegensatz zu ihm schienen die Gottesdienstbesucher, die wenig nach Gott fragten, keinerlei Sorgen in Sachen Gesundheit und Reichtum zu haben. Die Folge für Asaph: Er vergleicht und schneidet schlecht ab. Das Herz des frommen Dirigenten wird neidisch. In ergreifenden Worten lässt er uns beim Lesen in sein Herz blicken.

Doch plötzlich wird ihm in Vers 16 bewusst, dass sich seine Gedanken nur um diesen Neid und um sein Selbstmitleid drehen und er sagt:

> *„Da dachte ich nach, um dieses zu begreifen, eine mühevolle Arbeit war es in meinen Augen."* Psalm 73,16

Hatte er denn vorher nicht nachgedacht? War das Nachdenken über die Menschen, denen es sichtlich besser ging, denn kein Denken? Die Bibel nennt solche Gedanken „grübeln". Diese Gedanken ziehen uns in unseren Empfindungen wie in einem Sog, wie in einem Wasserstrudel nach unten. Solche Gedanken führen zu Selbstmitleid, Niedergeschlagenheit, zu Neid und Depressionen.

Bewusst macht Asaph hier in Vers 16 einen Schnitt in seiner Gedankenwelt, er macht einen „Gedankenstopp". Er verbietet sich sozusagen, diesem negativen Grübeln weiter nachzuhängen. Stattdessen macht er eine Kehrtwendung:

> *„... bis ich hineinging in die Heiligtümer Gottes und das Ende jener Menschen gewahrte."* Psalm 73,17

Stellen wir uns das ganz plastisch vor: Asaph hatte vermutlich als Dirigent des Tempelchores auf den Treppenstufen des Tempels gestanden und über die Sänger hinweg die Gottesdienstbesucher beobachtet. Jetzt aber dreht er sich um, macht einen Schritt ins Heiligtum Gottes und schaut sozusagen aus der Perspektive Gottes wieder hinaus. Hat sich etwas an der Situation verändert? Nein, die Gottesdienstbesucher sind die Gleichen geblieben. Hat sich etwas an seiner Gesundheit oder an seiner finanziellen Situation geändert? Nein, aber sein Standpunkt, seine Ansicht, seine Schau der Dinge hat sich verändert. Er denkt nun aus der Sicht Gottes über die Menschen, über die Situation und über seine Krankheit.

Die weiteren Verse des Psalms machen klar: Eine völlig neue Dimension tut sich ihm auf. Er denkt plötzlich völlig anders über die gleiche Sache.

Das ist „Gedankenstopp"! Sobald ich merke, dass ein negativer Gedanke sich festnistet, sobald ich anfange zu grübeln, sobald mein Denken sich im Kreis dreht und mich gefangen nehmen will, muss ich wie Asaph damit innerlich in die Gegenwart Gottes treten und mir bewusst verbieten, weiter so zu denken. Andere Gedanken müssen den Platz der vorigen negativen Gedanken einnehmen. Ich muss mein Denken mit gottgewollten Gedanken füllen.

Wie mach ich das? Oft hilft es schon, die schlechten Gedanken im Gebet dem Herrn abzugeben. Tue Buße darüber. David betet in Psalm 51,14: *„Erneuere in mir einen festen Geist."* Er hatte gemerkt, dass bereits sein Denken falsch war und ihn zur Sünde verführt hatte. Vielleicht hilft es dir auch, eine Liste mit Dingen zu machen, über die du nachdenken willst. Ruhig auch ganz praktische Sachen, die gelöst werden müssen. Ob wir es lernen, unsere Gedanken zu disziplinieren, sie unter den „Gehorsam des Christus" zu bringen?

---

*Fragen zum Nachdenken:*
- Werde ich von bestimmten Gedanken beherrscht?
- Wie kann ich lernen, Gedankenstopp zu praktizieren?

# 9.

# Unrecht tragen -
# auch wenn ich Recht habe?

*„Warum lasst ihr euch nicht lieber unrecht tun?*
*Warum lasst ihr euch nicht lieber übervorteilen?"*
1. Korinther 6,7

Oktober 1994: Konferenz der Brüdergemeinden in Dillenburg. Das Konferenzthema ist 1. Korinther 6. Natürlich hatte ich mich auf den Textabschnitt seit einigen Tagen innerlich vorbereitet, hatte einige Kommentare dazu gelesen und verfolgte nun mit Interesse die guten Ausführungen der Brüder. Aber irgendetwas blockierte mich. Irgendwie steckte mir ein Kloß im Hals. Ich versuchte, die Gedanken zu unterdrücken. Was hatte dieser Bibeltext mit mir zu tun? Der berufliche Fall, bei dem ich von einem Kunden mächtig über den Tisch gezogen worden war und ich die Angelegenheit einem Rechtsanwalt zur Klärung übergeben hatte, hatte doch mit dem Abschnitt hier nichts zu tun! Hier ging es doch im Textzusammenhang um Rechtsstreit unter Glaubensgeschwistern! Oder? Das Recht lag doch ganz klar auf meiner Seite!

In der Pause sprach ich mit meiner Frau darüber. „Sprich doch mal einen der Brüder an!", riet sie mir. Ich steuerte auf einen älteren Bruder zu, von dem ich wusste, dass er jahrelang in verantwortlicher Stellung im Beruf gestanden hatte und zudem ein fröhlicher Christ war.

„Was drückt dich?", erkundigte er sich. Nun, mein Problem war schnell geschildert: Ich hatte einen interessanten Auftrag bekommen, hatte voller Engagement eine Markt- und Produktanalyse erstellt, die Zielgruppe definiert, eine peppige Anzeigenkampagne kreiert und die Entwürfe zur Zufriedenheit des Kunden vorgestellt. Doch als es nach einigen Wochen ans Bezahlen ging, behauptete er, mir nie einen Auftrag dazu gegeben zu haben. Was also tun? Ich hatte einen Anwalt konsultiert und ein Gerichtstermin stand an. „Aber", schloss ich meine Schilderung, „ich bin innerlich unruhig, obwohl ich mir sage, dass ich Recht habe. Und das Geld könnte ich auch gebrauchen."

„Was ist dir mehr wert", fragte er mich, „dein Herzensfrieden oder dein Recht? Warum nimmst du nicht ganz einfach die Verse aus diesem Abschnitt so wie sie da stehen? ‚Warum lässt du dir nicht lieber unrecht tun? Warum lässt du dich nicht lieber übervorteilen?'" – „Ja, aber", wollte ich einwenden, „wenn ich doch Recht habe? Muss man nicht solchen Menschen das Handwerk legen?"

„Ja, ja. Wir Christen sind übertriebene Gerechtigkeitsfanatiker, wenn es um unsere eigenen Sachen geht", sagte er nachdenklich.

Da stand ich. Meine Gedanken und Gefühle drehten sich turbulent. Was ist mir mehr wert? Wie hätte denn der Herr Jesus gehandelt?

> „...der gescholten, nicht wiederschalt, leidend nicht drohte, sondern sich dem übergab, der recht richtet..."
> 1. Petrus 2,23

Schlagartig kam mir zum Bewusstsein, wie rechthaberisch ich bin, wie stolz, wie unnachgiebig. „Herr, vergib mir mein Recht-haben-Wollen. Bitte schenk mir den Herzensfrieden wieder."

Wie gut, dass die Mittagspause noch nicht vorbei war. So setzte ich mich in eine Ecke und schrieb meinem Anwalt, dass ich die Klage zurückziehen und auf mein Recht verzichten wolle.

Natürlich habe ich das Geld für meine Arbeit nie gesehen, natürlich hatte ich dazu auch noch die Anwaltskosten zu tragen, aber von diesem Moment an war mein Herz wieder innerlich frei. Und ich bin meinem Herrn (und dem Bruder) für diese Lektion von Herzen dankbar.

Wie praktisch und hautnah wird da plötzlich das Bibelwort. Und in wie vielen Situationen könnten wir es anwenden:

- Da werde ich vielleicht bei einer Erbschaft nicht in ausreichendem oder gerechtem Maße bedacht ... - Ist es nicht mein Recht? Warum gibt es denn Erbschaftsgesetze?
- Da bin ich vielleicht im Beruf von meinem Chef nicht bei der freigewordenen Position berücksichtigt worden, obwohl er sie mir in Aussicht gestellt hatte... - Ist es nicht mein gutes Recht? Wofür gibt es denn das Arbeitsgericht?
- Da hat beim Verkehrsunfall der Kontrahent eine falsche Aussage gegenüber der Polizei gemacht, so dass ich ins schlechte Licht gerückt werde. Wozu gibts den Rechtsschutz?
- Da habe ich im Urlaub vielleicht ein schlechteres Hotelzimmer bekommen als im Prospekt ausgeschrieben war... - Ist es nicht mein Recht zu klagen?
- Da beschwert sich mein Nachbar vielleicht, dass unsere Kinder zu laut seien. Dabei benimmt er sich immer unmöglich und hat bis spät in die Nacht laute Musik!
- Da werde ich in der Gemeinde vielleicht nicht genügend beachtet ...
- Da wird hinter meinem Rücken geredet ...
- Da nörgelt mein Ehepartner immer an mir herum ...
- Da ...

## Muss ich denn immer nachgeben?

Muss ich mir denn alles gefallen lassen? Ist denn Gott nicht gerecht und tritt für die Gerechtigkeit ein? Muss ich nicht für die Gerechtigkeit kämpfen? Muss nicht Recht auch Recht bleiben?

Wie hat damals der Herr Jesus gehandelt? Hat er für sein Recht gekämpft? Nein, keineswegs! Wenn es um ihn selbst ging, hat er geschwiegen. Nur wenn es um das Recht des anderen und um die Ehre Gottes ging, hat er den Mund aufgemacht! Und um mich zu erretten und mir zu vergeben, hat er auf sein Recht verzichtet.

Uns wird deutlich: Die Bereitschaft, anderen zu vergeben, bedeutet, bewusst auf mein Recht zu verzichten, bewusst Verlust in Kauf zu nehmen!

Ja, Unrecht erleiden tut weh! Aber Vergeben bewirkt einen tiefen Herzensfrieden! Was hat es meinen Herrn gekostet, mir zu vergeben!? Wieviel Schmerzen hat mein Unrecht ihm gebracht!? Kann er, der mir alles Unrecht, alle Schuld erlassen hat, nicht billigerweise erwarten, dass auch ich auf mein vermeintliches Recht verzichte?

## Was, wenn der andere nicht um Vergebung bittet?

Du wirst sagen: „Ich kann doch nur vergeben, wenn der andere mich darum bittet." Richtig, erst dann wird Vergebung wirksam. Zum Vergeben gehören immer zwei. Der, der gesündigt hat, und der, an dem er gesündigt hat.

Vielleicht sagst du: „Ich will ja vergeben, aber lass ihn mal kommen. Ich will ihm noch mal deutlich sagen, wer Recht hatte." Das ist nicht Vergebung. Ich versuche damit nur, mich zu rechtfertigen und mich über den anderen zu stellen. ich erwarte sozusagen von dem anderen den „Canossa-Gang", das Eingeständnis, dass ich Recht habe. Der Herr

Jesus sagt seinen Jüngern:

> *„Wenn aber dein Bruder sündigt, so gehe hin, überführe ihn zwischen dir und ihm allein."* Matthäus 18,15a

Er erwartet also von mir, den ersten Schritt zu machen, auf den anderen zuzugehen, der mir Unrecht getan hat. Ich kann nicht erwarten, dass er zu mir kommt. Gott möchte also, dass der Einfluss der Sünde so klein wie möglich gehalten wird. Wie oft neigen wir dazu, uns zuerst „Verstärkung" zu holen, indem wir die Angelegenheit weitererzählen, weil wir uns in unserer Auffassung gestärkt und bestätigt sehen wollen.

> *„Wenn er auf dich hört, so hast du deinen Bruder gewonnen. Wenn er aber nicht hört, so nimm noch einen oder zwei mit dir."* Matthäus 18,15b-16

Auch dieses zweite Gespräch hat das Ziel, den Bruder zu gewinnen. Und selbst dann gibt unser Herr noch eine dritte Chance:

> *„Wenn er aber nicht auf sie hören wird, so sage es der Gemeinde."* Matthäus 18,17-18

Wie schnell ist unsere Geduld zu Ende! Gottes Ziel aber ist Vergebung!

Aber was ist, wenn der andere nicht um Vergebung bittet? Wenn du in der Bereitschaft bleibst zu vergeben und im Gebet die Angelegenheit dem Herrn Jesus abgegeben hast, wirst du erleben, dass dein Herz innerlich frei werden wird und Bitterkeit dem anderen gegenüber verhindert wird. Auch der Herr Jesus bat am Kreuz den Vater, anderen zu vergeben, obwohl die Menschen noch nicht um Vergebung gebeten hatten.

*Fragen zum Nachdenken:*

- Warum fällt es mir so schwer, auf mein Recht zu verzichten?
- Warum fällt es mir so schwer, den ersten Schritt zu machen?

# 10.

# „'tschuldige!" –
# Wenn ich selbst schuldig werde

Vielleicht ist dir beim Lesen bis zu diesem Kapitel aufgefallen, dass du nicht nur mit der Schuld anderer zu
tun hast, sondern dass du ja selbst auch an anderen
schuldig wirst und vielleicht auch geworden bist. Du hast
zwar Gott – wie ich hoffe – um Vergebung gebeten, und
seine Vergebung ist dir groß geworden. Jetzt aber merkst
du, dass möglicherweise dein Verhalten auch anderen
Mühe machen könnte.

Vielleicht haben dein Ehemann, deine Ehefrau, deine Kinder, deine Eltern, Geschwister aus der Gemeinde, dein bes-
ter Freund oder dein Arbeitskollege etwas im Herzen, wo-
von du weißt, das müsstest du mit ihnen klären.

Ich muss bekennen, dass ich auch an diesem Punkt immer
wieder Schwierigkeiten habe Schuld einzugestehen, die
Verantwortung für ein falsches Wort oder auch ein falsches
Denken zu übernehmen.

Der einfachste Weg, den wir in der Regel gehen, ist die
Verharmlosung der Angelegenheit. Wir suchen Entschul-
digungen, mildernde Umstände oder andere Gründe, damit
mein Verhalten oder Reden nicht so gravierend dasteht und
die Schuld geringer erscheint. Unsere Umgangssprache bie-

61

tet uns eine Fülle von Redewendungen an, um eine Sache zu verniedlichen:

### „'tschuldige bitte"

Die Abkürzung des Wortes „Entschuldige" macht bereits klar, dass ich nicht darum bitte, dass mir Schuld abgenommen wird, sondern, dass sie verkleinert und verharmlost werden soll.

### „Pardon!", „Excuse me!", „Sorry!"

Indem ich eine Fremdsprache wähle, versuche ich, die Schuld auf eine andere – eine lächelnde – Ebene zu heben und damit auf eine Höflichkeitsfloskel herabzuziehen.

### „Tut mir leid!"

Mit dieser Formulierung geht es nicht um die Frage der Schuld, sondern um meine eigenen Empfindungen. Oft tun mir selbst nur die Folgen eines Zerwürfnisses leid, ohne dass dabei die Schuld als Ursache erkannt und bekannt wird.

### „Vergiss es!" oder „Schwamm drüber!"

Hiermit drücke ich aus, dass der andere die Angelegenheit aus seinem Bewusstsein löschen soll, ohne dass ich Buße getan und um Vergebung gebeten habe.

### „Hab's nicht so gemeint!"

Damit versuche ich, einer Sache eine andere Interpretation zu geben und stehe nicht zu der Aussage oder dem falschen Verhalten.

### „Hab dich nicht so! Ich bin auch nur ein Mensch!"

Mit dieser Aussage verstecke ich mich hinter dem Versagen aller anderen Menschen und klage den anderen an, er sei übertrieben gerecht.

### „Falls ich dir wehgetan habe, verzeih!"

Selbst diese Formulierung hält mir die Hintertüre auf, die Schuld könnte ja auch nur im Empfinden des anderen liegen.

Merken wir, wie leicht wir bemüht sind, „Gras über eine Sache wachsen" zu lassen oder „unter den Teppich zu kehren"? Nein, alles das sind Ausflüchte und keine Grundlage für wirkliche Vergebung! Um echte Vergebung von einem anderen erfahren zu können, ist Buße und Umkehr nötig, ein Bekenntnis und das Eingestehen meiner Schuld. Ich habe den anderen verletzt, ihm geschadet, ihm weh getan. Ob wir als Christen ganz neu lernen könnten, wirklich und auch wörtlich „um Vergebung zu bitten"?!

Warum fällt es uns nur so schwer, ohne „Wenn und Aber" wirklich auszusprechen: **„Ich bitte dich um Vergebung!"**

Es ist nun schon viele Jahre her. Ich war damals vielleicht 13 oder 14 Jahre alt. Wir hatten als Familie eine Wanderung gemacht, bei der mein Vater sich über irgendeine Sache bei uns Kindern geärgert hatte. Ich weiß gar nicht mehr, was es gewesen war. Doch plötzlich hatte ich eine Ohrfeige sitzen – übrigens die einzige Ohrfeige, die mein Vater mir je gegeben hat. Und doch war sie nicht gerechtfertigt gewesen, da ich in diesem Augenblick nicht der Schuldige war. Ich war „sauer" auf meinen Vater. Der Rest der Wanderung war bei mir ein einziges Grollen. Als wir zu Hause ankamen, kam mein Vater auf mich zu, gab mir die Hand, schaute mich an und bat mich um Vergebung für seine falsche Reaktion. Ich muss sagen: Mein Vater ist dadurch in meiner Achtung enorm gestiegen! Diese Ohrfeige und die Bitte um Vergebung hat in mir eine große Wertschätzung ihm gegenüber bewirkt!

Vielleicht kann uns das Mut machen, andere um Vergebung zu bitten. Neue Freundschaften würden entstehen und alte sehr vertieft!

---

*Fragen zum Nachdenken:*
- Hab ich Angst, mein Gesicht zu verlieren?
- Warum fällt es mir so schwer, um Vergebung zu bitten?

# 11.

# Wie geschieht echte Versöhnung?

*„Wenn du deine Gabe darbringst zu dem Altar und dich dort erinnerst, dass dein Bruder etwas gegen dich hat, so lass deine Gabe dort vor dem Altar und gehe vorher hin, versöhne dich mit deinem Bruder, und dann komm und bring deine Gabe dar.“* Matthäus 5,23-24

## Ein Beispiel

Es war in einer kleinen Gemeinde. Zwei Brüder hatten Schwierigkeiten miteinander. Es war zu verletzenden Worten gekommen. Man ging sich aus dem Weg, war verbittert und sprach nicht mehr miteinander. Diese Auseinandersetzung lag schwer auf der kleinen Gemeinde. Dann endlich konnte der Herr an dem Herzen des einen arbeiten. Er ging zu dem anderen Bruder und bat um Vergebung.Und auch der andere kam innerlich zurecht und bat seinerseits um Vergebung. Sie beteten miteinander und gaben sich die Hand. Dann kam der nächste Sonntagmorgen. Das Brot wurde gebrochen und ging durch die Reihen. Als das Brot zu dem einen Bruder kam, beobachteten die Geschwister, was nun geschah: Der Bruder nahm den Teller,

65

stand auf und ging hinüber zu dem Bruder, mit dem er die Auseinandersetzung gehabt hatte und reichte ihm das Brot. Der nahm davon und reichte es dem Bruder zurück. Jetzt nahm auch er davon. Sie gaben sich die Hand und aßen von dem Brot. Dann ging das Brot weiter durch die Reihen. Bei alledem war kein Wort gesprochen worden. Aber alle hatten miteinander erlebt, wie nach Vergebung Versöhnung stattgefunden hatte. Es wurde nie mehr darüber gesprochen.

## Was ist Versöhnung?

Ich denke, wir alle wissen aus den vorausgegangenen Kapiteln, was Vergebung ist: nicht ein einfaches „'tschuldige bitte!", nicht ein Zubügeln von Problemen, sondern ein tiefgreifendes Handeln Gottes, um Gemeinschaft wiederherzustellen. Er gab seinen Sohn Jesus Christus an unserer Stelle in den Tod, um uns vergeben zu können! Ich hoffe, dass jeder Leser diese Vergebung in seinem Herzen persönlich erfahren hat. Ich hoffe außerdem, dass jeder ebenfalls anderen Menschen gegenüber in der Vergebungsbereitschaft steht, *„so wie Gott in Christus uns vergeben hat"* (Epheser 4,32). So groß Vergebung ist, **Versöhnung** beleuchtet einen noch weittragenderen Aspekt der Gnade Gottes zu uns Menschen. Wenn wir die Bibel zu diesem Thema untersuchen, begegnen uns insbesondere drei Schwerpunkte von Versöhnung:

**1. Die Versöhnung des Menschen mit Gott:**
> *„Denn es gefiel der ganzen Fülle, in ihm (Jesus Christus) zu wohnen und durch ihn alles mit sich zu versöhnen - indem er Frieden gemacht hat durch das Blut seines Kreuzes."* Kolosser 1,19-20; Römer 5,11

**2. Der Dienst der Versöhnung** (also unser Teil der Evangelisation, damit Menschen mit Gott versöhnt werden können):

*„So sind wir nun Gesandte an Christi Statt, indem Gott gleichsam durch uns ermahnt; wir bitten für Christus: Lasst euch versöhnen mit Gott!"* 2. Korinther 5,20

## 3. Die Versöhnung zwischen Mensch und Mensch:

*„Wenn du deine Gabe darbringst zu dem Altar und dich dort erinnerst, dass dein Bruder etwas gegen dich hat, so lass deine Gabe dort vor dem Altar und gehe vorher hin, versöhne dich mit deinem Bruder, und dann komm und bring deine Gabe dar."* Matthäus 5,23

Punkt 1 nehmen wir sicher gerne als Folge der Sündenvergebung von Gott an, ohne oftmals gleich konkret zu wissen, was Versöhnung wirklich bedeutet. Wir empfinden nur, dass es etwas Wohltuendes sein muss, was den inneren Frieden unseres Herzens bewirkt.

Bei dem zweiten Punkt denken wir naturgemäß an Evangelisation. Aber hier tun wir uns schon etwas schwerer, wenn wir darüber nachdenken, was unser Teil an dem Dienst der Versöhnung ist, die ja Gott beim Menschen bewirkt.

In diesem Kapitel möchte ich aber den Schwerpunkt auf den dritten Aspekt legen: Die Versöhnung zwischen uns Menschen. Uns Christen leuchtet zwar ein – manchmal leider nur notgedrungen –, dass Vergebung untereinander notwendig ist. Aber Versöhnung? Wir empfinden, das ist mehr als ein Waffenstillstand! Wie geschieht echte Versöhnung, echter Frieden, bei dem das Vertrauen wieder wächst?!

## Dazu wollen wir zunächst über die Bedeutung des Wortes nachdenken

Der Begriff „versöhnen" kommt in der Bibel im Alten wie im Neuen Testament vor. Doch die Wörter, die im Hebräischen (AT) bzw. im Griechischen (NT) dafür gebraucht werden, haben von ihrem Ursprung her unterschiedliche Bedeutung.

### Die Bedeutung im Alten Testament:

Wenn wir an „versöhnen" denken, haben wir zunächst einmal den „großen Versöhnungstag", den **„Jom Kippur"** vor Augen. Dabei ist auffallend, dass in dem Kapitel, in dem dieser Festtag detailliert beschrieben wird (3. Mose 16) gar nicht das Wort „versöhnen" vorkommt, sondern nur von „Sühnung" bzw. „sühnen" die Rede ist. Nur später in der Aufzählung der Feste des Herrn in 3. Mose 23 wird dieser Tag „Versöhnungstag" genannt, aber ebenfalls mit der Begründung, *„um Sühnung für euch zu bewirken vor Gott"*.

Und doch wird uns gerade aus diesem Wort klar, was die Bedeutung von „Versöhnung" ist: Das hebräische Wort „kippär" oder „kippur" bedeutet so viel wie „bedecken" oder „zudecken".

Der sogenannte Sühnedeckel der Bundeslade im Allerheiligsten der Stiftshütte macht das bildhaft klar: Er verdeckte oder bedeckte die Forderungen Gottes an uns Menschen (das Gesetz). Gott hielt diese Forderungen sozusagen unter Verschluss! Warum? Sünde muss vor den Augen des heiligen Gottes gesühnt werden. Aber wirkliche Sühnung (Wiedergutmachung) konnte ein Mensch für seine Sünden nicht bewirken, denn der Lohn der Sünde ist und bleibt der Tod (Römer 6,23)! Die Opfer des Alten Testaments konnten – im Bild gesprochen – Sünden nur „zudecken", nicht wirklich sühnen (Hebräer 10,4; Römer 3,25). Das Wort „versöhnen" im Alten Testament macht also klar: Gott konnte Sünde nur zudecken. Wirkliche Versöhnung kann es nur nach dem Neuen Testament geben!

## Die Bedeutung im Neuen Testament:

Im NT wird das griechische Wort **„katalasso"** für Versöhnung gebraucht. Dieses bedeutet so viel wie „völlig verändern" und kommt z. B. vor in Römer 5,10-11; 11,5; 1. Korinther 7,11; 2. Korinther 5,18-20; Epheser 2,16 und Kolosser 1,19-21. Es bezeichnet in treffender Weise die totale Veränderung unserer Beziehung zu Gott durch das Werk auf Golgatha. Nur der Herr Jesus hat durch sein vollkommenes Opfer am Kreuz wirkliche Sühnung (Wiedergutmachung) für uns und an unserer Stelle getan. Erst dadurch tritt – wie der neutestamentliche Begriff klarmacht– eine **völlige Veränderung in der Beziehung zu Gott** ein (vgl. Kolosser 1,19-20)! Wir treten dadurch von der Anklagebank Gottes in eine nie dagewesene Vertrauensbeziehung zu Gott, wir dürfen ihn sogar Vater nennen!

## Versöhnung ist mehr als Vergebung

Wir können es so formulieren:

1. Durch die Sünde ist die **Beziehung zu Gott zerstört**. Es besteht keine Harmonie mehr zwischen Gott und uns Menschen. Es besteht sogar geradezu eine regelrechte Feindschaft.
2. Nur das Blut (der Tod) des Sünders wäre der Lohn der Sünde.
3. Doch Gott liebt den Sünder und möchte ihn retten.
4. Die Opfer des AT (auch am Versöhnungstag) konnten Sünden nur zudecken, nicht wirklich wegnehmen!
5. Nur **durch die Vergebung** aufgrund des Sterbens des Herrn Jesus für uns kann Gott Sünde hinwegnehmen. Und er gibt neues, ewiges Leben.
6. Und nur **durch die Versöhnung** bringt Gott uns Menschen mit sich selbst wieder in eine neue, völlig veränder-

te Beziehung zu sich. Ich kann Gott jetzt wieder „in die Augen sehen".

Die Vergebung räumt also das Hindernis (die Sünde) hinweg, damit eine innige, offene Beziehung (Versöhnung) entstehen kann.

## Wie geschieht echte Versöhnung zwischen uns Menschen?

Natürlich wissen wir durch manche Aufforderungen der Bibel, dass – wenn zwischen uns Menschen Sünde, Schuld und Unstimmigkeiten geschehen sind – wir uns *„vergeben sollen, so wie Gott in Christus uns vergeben hat!"* Und wie oft tun wir uns dabei schon schwer genug. Häufig bleiben wir bei einer notgedrungenen Vergebung stehen!

Ein biblisches Beispiel aus 1. Mose 32,21: Jakob ist auf dem Rückweg von Laban und steht kurz vor seiner Begegnung mit seinem Bruder Esau. Sein Wunsch ist es, ihn zu versöhnen, weil seine Schuld zwischen ihnen stand. Er will (vgl. die alttestamentliche Bedeutung) „zudecken", ihn versöhnlich stimmen mit einem Wiedergutmachungsgeschenk. Doch selbst nachdem Jakob seinen Bruder bedrängt, dieses Geschenk anzunehmen, gehen sie sich aus dem Weg. Es ist keine echte Versöhnung im neutestamentlichen Sinn, es ist keine neue Beziehung entstanden - bestenfalls ein Waffenstillstand. **Aber Gott will weit mehr bei uns bewirken:**

## Das Ziel echter Vergebung ist Versöhnung!

In Johannes 21 schildert uns Gottes Wort, was Versöhnung wirklich ist. Der Herr Jesus macht dort dem Petrus in Gegenwart der anderen Jünger klar, dass alles, wirklich alles zwischen ihm und Petrus ausgeräumt ist. Petrus kann seinem Herrn wieder vertrauensvoll begegnen. **Vergebung nimmt also Sünde zwischen uns Menschen weg** (Matthäus 18,20); **Versöhnung aber lässt uns wieder in die Augen sehen!**

Jay Adams formuliert es so: „Vergebung ist wie Unkraut jäten – aber danach muss das Feld neu bestellt werden!"

Wir stehen in der Gefahr, dass wir uns - auch nach einer gegenseitigen Vergebung - innerlich voneinander entfernen, indem wir nach der Vergebung nichts tun. Wir erwarten vielleicht sogar von dem anderen, dass er sich erst einmal bewährt. Gott aber erwartet von uns den Weg der Versöhnung. Das heißt, dass wir nach der Vergebung vertrauensvoll aufeinander zugehen, uns versöhnen, also eine völlig veränderte Beziehung entstehen lassen, sodass wir uns wieder „in die Augen sehen" können.

**Gebe Gott, dass es in unseren Gemeinden, in unseren Ehen und Familien zu echter Versöhnung, zu neuen Vertrauensbeziehungen nach Vergebung kommt. Eine offene, klare Luft zum Atmen würde in unseren Gemeinden entstehen, die auch von anderen empfunden würde.**

Wie ein Fest nach langer Trauer,
wie ein Feuer in der Nacht,
ein off'nes Tor in einer Mauer,
für die Sonne aufgemacht.
Wie ein Brief nach langem Schweigen,
wie ein hoffnungsvoller Gruß,
wie ein Blatt an toten Zweigen,
ein „Ich-mag-dich-trotzdem-Kuss":
So ist Versöhnung. So muss der wahre Friede sein.
So ist Versöhnung. So ist Vergeben und Verzeih'n.

Wie ein Regen in der Wüste,
frischer Tau auf dürrem Land;
Heimatklänge für Vermisste,
alte Feinde - Hand in Hand.
Wie ein Schlüssel im Gefängnis,
wie in Seenot: „Land in Sicht!"
Wie ein Weg aus der Bedrängnis,
wie ein strahlendes Gesicht:
So ist Versöhnung. So muss der wahre Friede sein.
So ist Versöhnung. So ist Vergeben und Verzeih'n.

Wie ein Wort von toten Lippen,
wie ein Blick, der Hoffnung weckt,
wie ein Licht auf steilen Klippen,
wie ein Erdteil neu entdeckt.
Wie der Frühling, wie der Morgen,
wie ein Lied, wie ein Gedicht,
wie das leben, wie die Liebe,
wie Gott selbst, das wahre Licht:
So ist Versöhnung. So muss der wahre Friede sein.
So ist Versöhnung. So ist Vergeben und Verzeih'n.

Jürgen Werth, aus: „Ich will dir danken", Hänssler-Verlag, Holzgerlingen